piccola
17

Jack London

# El combate del siglo

www.gallonero.es

Título original:

*Jeffries-Johnson fight*

Primera edición: mayo 2011
Nueva edición: abril 2024

© 2024 de la presente edición: Gallo Nero Ediciones, S. L.
© 2011 de la traducción: Laura Salas
Diseño de cubierta: Raúl Fernández
Corrección: Chris Christoffersen
Maquetación: David Anglès

La traducción de este libro se rige por el contrato
tipo propuesto por ACE Traductores

ISBN: 978-84-19168-45-0
Impreso en España
Depósito legal: M-214-2024

traducción de

LAURA SALAS

# EL COMBATE DEL SIGLO

## Combate entre Jeffries y Johnson

*El «New York Herald» mandó a London a Reno para cubrir el combate y escribir una crónica al día durante los diez días que le precedieron.*

RENO (NEVADA), 23 DE JUNIO. Reno siempre ha sido una ciudad viva, pero en estos momentos está cobrando una creciente efervescencia, mayor de la que nunca ha conocido. Todos los trenes, vengan del este o del oeste, traen a aficionados, a seguidores de los combates o a los inevitables corresponsales. Es sorprendente. O quizá no, por otra parte. Debe de quedar mucho de sanguinario en la raza anglófona para manifestar tan tremendo interés en este deporte de deportes que ella misma creó y desarrolló hasta adaptarlo hoy a las reglas del marqués de Queensberry, que representan la cristalización de muchas generaciones.

Todo el mundo está llegando a Reno. Uno vuelve a encontrarse aquí, en la metrópolis de Nevada, a todos los hombres que ha conocido en cualquier lugar de la Tierra. Están todos aquí: desde los héroes de los viejos tiempos hasta los últimos novatos, desde los aficionados encanecidos y avejentados que recuerdan hechos anteriores a los dolorosos 39 asaltos entre Sullivan y Mitchell en Chantilly (Francia), hasta los jovencitos que se chupaban el dedo cuando Corbett y Fitzsimmons disputaron aquel combate histórico en Carson (Nevada).

En ninguna guerra, en ningún lugar, se ha congregado nunca tal número de escritores e ilustradores. No había más de once corresponsales cuando los japoneses enviaron a través del río Yalu a 50.000 hombres a las garras de los rusos, que se encontraban en la orilla manchuriana, ante las murallas de la ciudad de Wiju. Hubo muchos muertos, y se jugaba el destino de grandes imperios y de antiguas dinastías, y sin embargo solo once hombres estaban presentes para contarle al mundo lo que habían visto. Pero hoy, en Reno, el número de corresponsales es diez veces mayor. No están aquí para presenciar ninguna sangrienta batalla ni la muerte de millares de personas. Están aquí para presenciar cómo dos hombres fuertes, robustos y rudos intentan mediante su habilidad e ingenio, su deportividad y su resistencia, no matarse, sino eliminar al contrario en un deporte que propicia al máximo el ejercicio de esas cualidades.

Para el hombre que conoce la vida tal como es, con sus hechos desnudos, y no la vida tal como él supone o sueña que debe ser, hay algo de enorme y básica importancia en el interés mundial por este combate. ¿Por qué luchan los hombres? Por el dinero. Una respuesta clara, pero que no responde a la siguiente pregunta: ¿Por qué acuden los hombres a presenciar combates? No para gastar dinero, eso seguro. Hay maneras más fáciles de gastar dinero que viajar hasta Nevada. Quieren ver combates porque aún corre por sus venas la atávica virilidad de Adán. Es un fenómeno humano profundamente significativo. Ningún sociólogo o ético que ignore este hecho puede realizar un verdadero horóscopo de la humanidad.

Hay otra manera de verlo. Los editores de periódicos son hábiles proveedores de la información que el público quiere. Si hubiera solo unos cuantos hombres que desearan este tipo de información, los editores podrían ser acusados de enorme estupidez por enviar al frente a un grupo tan nutrido y costoso de estrellas del periodismo deportivo. Pero los editores no se equivocan. La cuestión es que el público quiere esta información. La conclusión es que el público, pese a que en innumerables ocasiones asevere lo contrario, está interesado en el boxeo.

Ciertamente, Reno está interesada. Reno, además, está orgullosa. Se considera afortunada. Es una ocasión única en la era moderna de colocarse a sí misma y al estado de Nevada en el mapa. Ninguna obra de arte de prosa, poesía, pintura o escultura podría conseguir esta distinción para Reno. Bueno, es un hecho, y como hecho merece ser contemplado.

Reno consiguió el combate y está dedicando un gran esfuerzo en alojar, alimentar y entretener al ejército de invitados que le está llegando.

Jack Johnson aún no ha llegado, pero parece que el resto del mundo estuviera ya aquí. Jeffries está cómodamente instalado en el bello balneario de Moana Springs. Hoy ha disputado un partido de béisbol en el que ha eliminado a nueve jugadores; lanzaba, bateaba, paraba y corría por las bases como un joven Cíclope. Ha sido agradable verlo. Hasta tal punto destacaba su sólida masa que otros grandes pesos pesados que jugaban con él, como Corbett y Choynski, parecían pesos medianos. Jeffries difiere totalmente de ellos tanto en estampa como en textura. Es un gran oso, pesado y tosco, y físicamente se podría decir de él que es un hombre de los que hacen época.

Jeffries ha sido examinado hoy por Peter Murphy, capaz de emitir el juicio más acertado y exacto sobre la condición física de un hombre. El informe de Murphy ha sido inequívocamente favorable. Más que eso, ha sido entusiasta. Y, sin embargo, hace un año, dijeron que Jeffries estaba acabado. Se ha dedicado con seriedad y abnegación a preparar este combate.

Para demostrar que la naturaleza humana es la misma en el mundo entero, sea en los camarotes de un barco, en los clubes de costura o en los campos de entrenamiento, Sullivan y Corbett han celebrado hoy su encuentro con una trifulca de dimensiones no nefastas, aunque tampoco insignificantes. Nadie ha resultado herido y no ha sido necesaria la intervención de la policía.

## JEFFRIES-JOHNSON N.º 2

Reno (Nevada), 24 de junio. Con su bolsa y su equipaje, sus cachorros[1], contrabajos y fonógrafos, Jack Johnson ha descendido hoy del tren en Reno para ser recibido por una multitud tan enorme como la que

---

1 La llegada de Jack Johnson a Reno fue espectacular; llevaba consigo, además de a sus amantes (blancas), fonógrafos y demás aparatos, a cachorros de perro que le servían de compañía. (N. de la T.).

recibió a Jeff cuando llegó. Parecía inalterable y feliz mientras lo conducían con rapidez hasta el hotel de Rick, pese a que su tren llegaba con tres horas de retraso y era viernes.

Su voz era tan jovial, su apretón de manos tan cálido, su sonrisa tan deslumbrante como la última vez que lo vi en Australia. Al comentarlo, dijo que se encontraba mucho mejor y más fuerte que hace un año y medio en las antípodas. Sus nudosos y macizos músculos asomaban bajo las mangas de la camisa. Al igual que Jeffries, él es también un hombre de grandes proporciones. Pero son tipos completamente diferentes. Bajo todo el aderezo de fuerza combativa, Johnson tiene un temperamento despreocupado, tan ligero y desenvuelto como un niño. Se divierte con facilidad. Vive el momento, y la alegría o la tristeza son estados pasajeros para él. No es capaz de ajustar con seriedad sus acciones a un final remoto. Aunque acababa de llegar de un irritante viaje en tren, marcado por enojosos retrasos, su rostro era plácido y tranquilo. No se veía en él rastro de preocupación o angustia, como podría esperarse a causa de los desacuerdos con su apoderado, del brusco cambio de lugar del campo de entrenamiento en el último momento, o de los paseos en coche interrumpidos por descorteses policías.

Si uno desea comprender bien el combate cuando tenga lugar, no deben acentuarse demasiado las diferencias entre ambos. Dicen que Johnson no puede guardar rencor. Recibe con cordialidad una semana después al hombre que hoy le hace un daño real o supuesto, y eso es así porque vive el momento. Solo puede ocuparse del momento, sea este de fiero odio o de alegre amistad.

Posiblemente mis sentimientos hacia ellos ilustren bien esta diferencia. Si Johnson se abalanzara sobre mí acalorado y con toda la intención de atentar contra mi integridad física, siento que todo lo que tendría que hacer sería sonreír y tender la mano, que él apretaría con una sonrisa. Por el contrario, estoy seguro de que si Jeffries se precipitara hacia mí en un ataque de ira, o bien me moriría de terror en ese mismo momento, o bien me mordería las venas y aullaría de pavor como un maniaco.

Quizá la imagen parezca algo exagerada, pero esos son mis sentimientos, y sirven para mostrar las diferencias esenciales entre los caracteres de ambos hombres. Jeff es luchador, Johnson es boxeador. Jeff tiene el temperamento del luchador. La madre naturaleza de Jeff aún tiene los colmillos y las fauces ensangrentadas. Es más un miembro de una tribu germánica o un guerrero de hace dos mil años que un hombre civilizado del siglo xx con la civilizada profesión de calderero, y ha unido esos dos extremos haciéndose pugilista y convirtiéndose en el hombre cuyos golpes inspiran más respeto en todo el mundo.

Pese a su natural primitivo, Jeff es más disciplinado, mucho más disciplinado; sirva como ejemplo el rígido ajuste de sus acciones a un fin remoto que ha venido realizando desde que hace un año y medio empezara a someterse a un duro entrenamiento que le ha valido su actual condición física. Johnson, dominado por el momento, no podría llevar a cabo tal ajuste. Se le olvidaría todo lo referente a ese fin remoto a un año y medio de distancia. Se vería tentado a perseguir fines inmediatos y momentáneos.

Del mismo modo, en el fondo de su corazón, este combate no significa lo mismo para Johnson que para Jeffries. Si Johnson lo pierde, no le preocupará tanto. Si pierde Jeff, casi le romperá el corazón. Bajo esa oscura y sombría seriedad que lo caracteriza, hay un orgullo racial del que es bien consciente. Y además está su orgullo como hombre y como vencedor de hombres. Dejando aparte al mundo, se ha prometido a sí mismo ganar este combate, y era esa promesa la que proclamaba al mundo cuando, tras declarar que se negaba a luchar con Johnson hasta saber que podía ganarle, anunció su certeza y firmó el contrato. De una cosa estoy seguro, ser derrotado en otros diez combates no sería nada para Jeff comparado con una posible derrota en este inminente combate con Johnson.

La errática elección que Jeffries hace de sus horarios de entrenamiento desespera a los aficionados y a los reporteros. Corre el rumor de que va a hacer algo a las cuatro de la tarde. Mucho antes de la hora, los tranvías que llevan a su barrio están abarrotados, pero después no ocurre nada. Se propaga el rumor de que Jeff se pondrá manos a la obra a la salida del sol.

Los primeros autobuses para Moana Springs van llenos, e incluso antes de que salga el primer autobús una fila de automóviles ha salido ya en esa misma dirección. Pasan las horas. No ocurre nada. Todo el mundo espera, hasta que al final, cansados y hambrientos, regresan a la ciudad en busca de algo para comer, y fíjate, resulta que ha sido ese rato del día el que ha elegido Jeff para trabajar.

Pero quién puede culparle. Es su combate y su entrenamiento, no los suyos; y sabe lo que quiere y cuándo lo quiere mucho mejor que ellos. Y aquí vuelve a manifestarse la diferencia entre el campeón blanco y el negro. Johnson tiene más tendencia a agradar al público. A Jeff le importa un pimiento el público. Falta una semana para el combate, y Jeff solo recuerda eso. Johnson no puede recordarlo, porque el público está amontonado a su puerta para una exhibición ocasional de capacidad y fuerza. Es el momento, el eterno, tentador e inmediato momento, y Johnson sucumbe.

## JEFFRIES-JOHNSON N.º 3

RENO (NEVADA), 25 DE JUNIO. Pese a que los reporteros y aficionados creyeron el rumor de que Jeff iba a boxear a las tres de la madrugada y viajaron en vano a Moana Springs a esa absurda hora, el propio Jeff prefirió una hora mucho más razonable, las diez de la mañana. Saltó a la comba e hizo sombras al ritmo de muchas canciones que silbaba para sí en vez de jadear en busca de aire, y el saco se balanceaba hacia la izquierda al ritmo de la «Primavera» de Mendelssohn.

Por alguna razón, evidenciaba un notable buen humor y alegría. Ha pasado lo más duro de su largo y terrorífico entrenamiento, y, tras eso, se rinde inevitablemente a la euforia que deriva de un perfecto bienestar. A lo largo de las dos horas de duro entrenamiento de hoy estuvo tremendamente juguetón y despierto, con ganas de broma y risas lúgubres. Uno no se lo imagina nunca riendo de corazón. Está en su naturaleza, en su carácter, sugerir algo lúgubre, incluso cuando está en el culmen de la alegría.

Tras la comba, se desnudó y demostró qué magnífico ejemplar de hombre es. Sus piernas eran como columnas, pero no rugosas ni llenas de nudos, sino gruesas columnas de líneas suaves, acordes con la fuerza de líneas suaves que dominaba el conjunto. No hay duda de que en la historia del cuadrilátero no ha habido nunca un peso pesado de proporciones tan armoniosas y simétricas.

Sus muslos son tan impresionantes que recuerdan inevitablemente al histórico guerrero teutón que, cuando apretaba sus muslos, hacía gemir al caballo de guerra que cabalgaba. Solo un caballo vestido con una armadura de plata y cruzado con acero se le resistiría.

En su vientre, plano como el de un atleta griego, los músculos del torso se extienden, largos y profundos, desde la cintura. Los músculos de su espalda son como masas entrecruzadas, mientras que los de los hombros y los bíceps saltan al mínimo movimiento de los brazos. Tiene los músculos perfectos. No son rígidos y nudosos como los de los levantadores de peso profesionales, que no se doblan e impiden el movimiento debido a su peso y falta de flexibilidad.

Y esto es algo que los profanos en la materia no entienden. Mientras que los que saben contemplaban y admiraban la forma de Jeff, alguien hizo el ingenuo comentario de que le sorprendía su suavidad y la capa de grasa que lo cubría. Grasa; no hay ni un ápice de grasa en él. Esos suaves montículos, esos pliegues y venosidades son la mejor calidad de músculo que un hombre puede poseer. Uno también podría llamar gordo a un gato porque, al estirarse, sus músculos se revisten de una suavidad aterciopelada. Esto es lo que mejor describe la forma muscular de Jeff en este momento: una suavidad aterciopelada, espléndida, soberbia.

Elija uno de esos suaves cuadrados de Jeff y obsérvelo. De improviso, salta y se estremece, toma forma y se expande, se llena de vida con una energía repentina y desbordante, después se relaja y se desinfla para convertirse en el cuadradito suave que era antes. Así debe ser un músculo. Eso es.

Que conste que Jeff está ya en este momento más que listo para entrar en el cuadrilátero. Lo mejor que puede hacer hasta el 4 de julio es irse de pesca y practicar un ejercicio moderado. Está más que preparado.

El suelo sobre el que saltaba a la cuerda estaba resbaladizo y en un momento dado se cayó. Pero la rápida reacción de sus rápidos y flexibles músculos lo salvó. Es un hombre pesado, y caer sobre su rótula le supondría una seria lesión. Usted y yo y la mayoría de la gente nos habríamos lesionado. Pero no Jeffries. Como el rayo, el pie y los músculos de la pierna que había resbalado se flexionaron para recoger el peso del cuerpo que caía y salvaron así la rodilla.

Que Jeff no es bueno al estimar las distancias se puso de manifiesto cuando, mientras hacía sombras, falló algunos toques a las narices o mandíbulas de su personal de entrenamiento. Eran puñetazos y crochés fuertes y energéticos, y sin embargo pasaron silbando a no más de media o una pulgada de su objetivo.

Fuera del Rick's estaba el mismo Arthur Johnson de siempre, entrenando con rapidez y furia con tres de sus *sparrings*, uno tras otro. No me gustaría ser *sparring* de Johnson. Kaufman estuvo encantado cuando terminaron sus cuatro asaltos, y Cotton tampoco pareció arrepentirse cuando acabó su turno. Ambos habían recibido una buena paliza, ambos iban sin resuello, se quejaban de la altitud y sangraban profusamente por nariz y boca. Y Johnson, imperturbable, estaba empezando a poner serio al tercero.

Lo único seguro es que el combate del 4 de julio no va a ser breve, a no ser que alguno aseste un puñetazo afortunado, lo que tiene muy pocas probabilidades de ocurrir. Johnson es tan listo en la defensa que a Jeff le va a llevar un rato dejarlo fuera de combate, mientras que, por el otro lado, Jeff tampoco es torpe en la defensa, y es tan gigantesco que a Johnson le va a costar más de dos puñetazos, y más de cuarenta, derribarlo. Quienquiera que gane va a tener que esforzarse mucho.

Hoy hemos visto al mismo Jack Johnson de hace un año y medio; si acaso, más fuerte y en mejor forma que en el combate de Sydney. Tenía su repertorio completo de trucos ya habituales: la eterna inteligencia en la defensa, el conocido truco de dejar que su oponente le golpee repetidamente en el estómago descubierto; lo de estar en las nubes y de repente despertarse para arremeter con furia durante tres o cuatro segundos; aquello de poner la mano sobre el bíceps del oponente para parar un golpe; lo de sonreír a la cámara durante el abrazo y la vieja mueca extática hacia el público o lo de hacer comentarios jocosos mientras atiza a su oponente o bloquea y resiste un violento ataque.

Johnson parecía no haber tenido problemas con la altitud. Más allá del profuso sudor bajo el cálido sol, no había signos de sobreesfuerzo. Cuando Kaufman hizo de *sparring*, se dedicó casi por completo a castigarle el estómago a Johnson. Quizá fuera un anticipo del terrible correctivo que tendrá que recibir de Jeff.

No se equivoque, el combate del 4 de julio va a ser grande. Solo hay dos pesos pesados que sean los mejores, y son Jeff y Johnson.

### JEFFRIES-JOHNSON N.º 4

Reno (Nevada, 26 de junio). Al considerar los méritos de los dos grandes hombres que deben competir de aquí a una semana, debemos recordar que ninguno de ellos se ha visto nunca obligado a probar su resistencia. Si exceptuamos un puñetazo afortunado en los primeros asaltos, la resistencia desempeñará un importante papel en determinar cuál de los dos es el mejor. Y por resistencia entendemos no solo la capacidad de asimilar el castigo, sino también la capacidad de administrarlo y de seguir administrándolo.

La cuestión de la resistencia merece un análisis. Los hombres no son todos iguales. Los cuerpos y músculos de algunos se aferran ínfimamente a la vida. Otros aparentan ser incapaces de matar. Un hombre puede caminar setenta y cinco millas en un día, y al día siguiente caminar otras tantas. Otro hombre se derrumbará al final de una caminata de veinte millas y estará hecho polvo durante una semana. Y, sin embargo, el organismo de ambos está sano, tienen el mismo tamaño, el mismo peso, y tendrían las mismas oportunidades de pasar con éxito un chequeo para un seguro de vida. Entonces, ¿qué los diferencia? En las fibras de uno reside un primitivo vigor y una capacidad de esfuerzo de los que el otro carece. Sus músculos pueden parecerse, pero la calidad protoplasmática generadora de energía difiere.

Tomemos a un levantador de pesas profesional. Puede que la báscula llegue a los ochenta kilos. Puede levantar cien kilos con una mano. Otro hombre que pese lo mismo no puede levantar ni cincuenta kilos. Está tan sano como el otro, pero no puede hacerlo. Puede entrenar y ejercitarse durante cinco años, o diez, y sin embargo será incapaz de levantar cien kilos con una mano. Y la voluntad no tiene nada que ver con ello. Puede tener diez veces más fuerza de voluntad que el otro, pero la fuerza de voluntad no sirve para levantar cien kilos. Le falta la calidad muscular, eso es todo.

Este vigor protoplasmático es una herencia primitiva, pero es bueno tenerlo, sea uno boxeador o no. Fue al describir el combate en Colma contra Jimmy Britt cuando advertí que *Battling* Nelson poseía esta calidad muscular. Lo llamé monstruo abisal, y nunca me lo perdonó. Pero para mí era un cumplido.

De dos boxeadores iguales entre sí, con el mismo entrenamiento, con órganos iguales, igual deportividad e igual fuerza de voluntad, uno alcanzará su límite a los cinco o diez asaltos; el otro, aunque luche con la misma seriedad, será capaz de durar treinta o cuarenta asaltos, o incluso cincuenta. Esta era la peculiaridad que *Battling* Nelson poseía hasta límites insospechados. Jimmy Britt no. Podía eliminar a Nelson, pero no podía pelear tanto como él. En el combate de Colma, Nelson no lo noqueó. Fue solo agotamiento. Britt había llegado a su límite. No podía moverse más. Perdió el combate porque su esfuerzo le noqueó.

Corbett carecía de esta brutalidad abisal casi por completo. Choynski poseía mucha más. Así como

Sharkey y Fitzsimmons. Pero cuando se trata de Jeffries y Johnson no hay límite en absoluto para ellos. Nunca se han visto en la necesidad de demostrarlo. Ninguno de ellos sabe si lo posee. Ninguno de ellos se ha visto nunca envuelto en un combate largo y exigente, asalto tras asalto, dando y recibiendo, consumiendo energía a enorme velocidad y sin dejar de propinar furiosos golpes, sin parar.

De los dos, Jeffries ha reflexionado más sobre sí mismo, se ha estudiado más, y ha creído poseerlo. Lo ha llamado reserva de energía, una especie de segundo resuello que no depende de los pulmones, sino que reside en los propios músculos. Pero del dicho al hecho va mucho trecho, y él aún tiene que demostrarlo. Sin embargo, yo tengo la intuición de que lo posee. Además, podría verse llamado a demostrarlo el día 4.

Nadie sabe tampoco si Johnson posee esta brutalidad abisal o carece de ella. Johnson no se conoce a sí mismo. Nunca ha tenido la oportunidad de averiguarlo. No es una cuestión de cobardía o de fuerza de voluntad. No importa hasta qué punto posee vigor protoplasmático, no servirá de nada si resulta ser un cobarde. Por otro lado, nunca ha mostrado indicios de tal cosa, aunque debemos añadir que nunca ha participado en un combate que le forzara a probarlo.

Hay una cualidad en la que Johnson lleva ventaja sobre Jeffries, y es la relajación. Jeffries, aunque tranquilo y tozudo, siempre está más tenso. La tensión de los músculos consume energía. El boxeo exige el uso de todos los músculos, y cinco minutos de tensión innecesaria por cada treinta de lucha supone un serio consumo de energía.

Esta es una de las grandes ventajas de Johnson. Dispone de la capacidad de relajarse casi por completo. Sus arremetidas más fieras siempre preceden a intervalos de reposo. En un abrazo, si no está golpeando, descansa. Por eso lo conocen como el boxeador perezoso. Y parece relajarse mentalmente tanto como físicamente. Parece dejar de pensar e incluso de percibir, y durante los abrazos entra en una especie de trance. Lucha como si tuviera los pies planos, lo que evita la tensión de las piernas. Es mucho menos cansado andar como si tuvieras los pies planos que ir dando saltos y mantener el equilibrio con los músculos tensos de caderas para abajo.

Lo único seguro es que, dentro de una semana, Johnson tendrá que disputar el combate de su vida. Nunca en su carrera se ha enfrentado a un oponente tan formidable. En cuanto a Jeffries, queda por ver si Johnson es capaz de obligarle a disputar el combate de su vida.

## JEFFRIES-JOHNSON N.º 5

RENO (NEVADA), 27 DE JUNIO. Se aclararán muchas dudas en el estadio de Reno dentro de una semana, a no ser que el combate sea breve. Solo tres cosas pueden provocar que el combate sea corto: la primera, un puñetazo afortunado; la segunda, el desplome de alguno de los contrincantes; y la tercera, un despliegue de la supuesta cobardía[2] de Johnson.

Está justificado pensar que no hay muchas posibilidades de que alguien encaje un puñetazo afortunado en los primeros asaltos. Ambos, en su historial de peleas, se las han apañado para evitar recibir puñetazos de ese tipo, mientras que ninguno de ellos

---

2 Johnson fue el primer boxeador en esquivar los golpes mediante el retroceso; hasta entonces, los boxeadores preferían esquivarlos lateralmente, pues el retroceso requería un perfecto control del espacio. Sin embargo, los periodistas deportivos quisieron ver cobardía en este rasgo característico de Johnson, mientras que lo alabaron en boxeadores blancos como Tommy Burns, que tomó prestada esa táctica de Johnson. (N. de la T.).

ha pasado a la historia por darlos. Asimismo, según avance el combate y ellos pierdan su vigor aterciopelado, disminuirán las posibilidades de un puñetazo de ese tipo.

Además, a la luz de su historial de peleas, ninguno de ellos ha abandonado nunca. Su forma física siempre les ha permitido durar. Se argumenta que la altitud favorecerá que abandonen. Sería así si estuvieran a catorce mil pies, o incluso a siete mil u ocho mil, pero cuatro mil pies no tendrán tanto efecto, especialmente si se toma en consideración que ambos tendrán suficientes días para acostumbrarse a la ligereza del aire. También debemos recordar que en Nevada han tenido lugar algunos combates largos entre personas que vivían a nivel del mar, como, por ejemplo, los cuarenta y dos asaltos entre Nelson y Gans bajo el ardiente sol de Goldfield.

En cuanto a la cobardía, Bob Armstrong ha declarado que está seguro de que su hermano de color la mostrará al enfrentarse a Jeff. Quizá sea un caso de proyección psicológica por parte de Bob. En cualquier caso, no hay ningún hecho en la carrera de Johnson que sustente tal sospecha. Lo único que podemos decir es que la cobardía de Johnson es hipotética. Puede que a Johnson le falte la resistencia y sucumba al castigo. Pero esto es muy diferente a ser cobarde, a dejarse caer con abyecta pusilanimidad sin recibir castigo que lo justifique. Puedes vaciar dos cargadores de una pistola sobre un gato y que siga luchando, mientras que un solo golpe de lápiz puede matar a un conejo; sin embargo, no puedes acusar al conejo de cobardía porque sucumba con tanta rapidez. Lo mismo ocurre con Johnson. Queda por ver si es cobarde y si posee el extraordinario poder de asimilar los golpes en la misma medida que el de encajarlos.

Así pues, en cualquier caso, uno llega a la conclusión de que el combate de Reno no tendrá un final rápido. Hay muchas posibilidades de que sea largo, de diez o doce asaltos como mínimo, incluso de que llegue a los veinte, y hay muchos informadores expertos que no se verían sorprendidos si la cosa llegara a los treinta asaltos o más.

Se arguye que, cuando Jeff comience a asestar sus terribles puñetazos, Johnson se encontrará en el suelo a los pocos asaltos. En respuesta a esto, debemos subrayar que Jeff tiene antes que nada que asestarlos, y que tendrá que hacerlo contra uno de los luchadores defensivos más inteligentes que el cuadrilátero haya conocido nunca. Johnson no va a apresurar el combate, y, aunque Jeff intente hacerlo, Johnson será capaz durante largo rato de arrebatar la eficacia a sus arremetidas. Va en contra de la famosa táctica perezosa de Johnson que, en mi opinión, se debe en pequeña medida a la deliberación y en gran medida al temperamento. Es su estrategia. Siempre lo ha hecho, y no hay ni una oportunidad entre un millón de que altere todos sus métodos en este combate venidero.

Otros objetan que la inteligencia del negro tendrá el efecto mental de desarmar con rapidez a Jeff. Se insiste en que Jeff, tras intentar en vano asestar algunos de sus golpes, y ser sonoramente apaleado a su vez, quizá pierda los nervios y arremeta con brutalidad. Esto sería pan comido para Johnson. Lo único en contra es que Jeff nunca ha mostrado los nervios en el cuadrilátero. A su manera, siempre ha sido un luchador de sangre fría. Solo tiene uno que recordar cómo, en sus batallas contra Corbett y Fitzsimmons, resistía la presión que ejercían sobre él, asalto tras asalto, y seguía luchando, con la idea fija de eliminar al hombre que le atizaba en aquel momento.

Otro argumento es que Johnson es un antiguo maestro de la lucha verbal dentro del cuadrilátero. En su combate contra Tommy Burns, Johnson se enzarzó en una lucha verbal contra Tommy, los asistentes de

Tommy y todo el público australiano, y se llevó los laureles. Debemos añadir que de sus labios no salió ni una palabrota ni un insulto. Todo lo que dijo era genuina diversión, puro ingenio, agudeza y jocosidad. Dicen que esta habilidad de Johnson puede hacer que Jeff pierda la cabeza y que se lo ponga fácil. Hay que señalar que Jeff es un luchador silencioso. Nunca se ha permitido ataques verbales en el cuadrilátero, e, hiciera lo que hiciera Johnson, le sería imposible enzarzarse con un hombre que no abre la boca.

Sin embargo, habrá asistentes en la esquina de Jeff y espectadores al lado del cuadrilátero que aventurarán algún comentario y recibirán respuestas del ingenio negro. A no ser que Johnson se encuentre rápidamente en malas condiciones a manos de Jeff, habrá más de una carcajada en el cuadrilátero.

**JEFFRIES-JOHNSON N.º 6**

Reno (Nevada), 28 de junio. Aquí está el problema. A la una y media de la tarde del 4de julio dos hombres, uno blanco y otro negro, se van a enfrentar en un cuadrilátero elevado en el centro de un enorme estadio. No van a intentar matarse. Van a pelear entre sí, de acuerdo, pero la pelea se llevará a cabo con armas naturales, y según reglas estrictas y limitadas. Van a golpearse con las manos, y solo con ellas. Ningún otro golpe será permitido. No pueden luchar ni derribarse. La zona en la que pueden golpearse se restringe a la parte superior del cuerpo. Los golpes de cintura para abajo están prohibidos. Tampoco pueden asestarse golpes cuando el contrincante esté en el suelo. Los puños, sus armas de combate, estarán enfundados en guantes acolchados que pesan un tercio de libra. Un nudillo desnudo puede cortar y dañar, cosa que no deseamos. Habrá un tercer hombre en el cuadrilátero con ellos, para velar por la observancia de las reglas. Es el árbitro. Su palabra es la ley. Todo lo que diga debe ser obedecido. Si alguien da un golpe traicionero, el árbitro lo descalificará inmediatamente y otorgará la victoria al otro. El árbitro observará con atención mientras da vueltas alrededor de los otros dos, y en ocasiones se dirigirá a ellos en voz baja, o tocará a uno u otro en el hombro.

Y ¿para qué están en el cuadrilátero esos dos hombres con guantes acolchados y el árbitro? ¿Cuál es su objetivo? Simplemente este: ver, mediante los golpes de su mano enguantada, quién puede derribar al otro con suficiente fuerza como para que permanezca diez segundos consecutivos en el suelo. ¿Y por qué quieren hacer esto? Por el honor, la fama y un premio de cien mil dólares.

Así dicho, suena estúpido, ¿no? Pero si tenemos en cuenta que ciento cincuenta o doscientos mil hombres (de los cuales cada uno paga de diez a cincuenta dólares por asiento) estarán en el estadio para observarlos, que el presupuesto del combate asciende a millones de dólares, que muchos hombres viajarán desde los más remotos puntos de la tierra para presenciarlo, que los más aclamados periodistas y caricaturistas del país estarán presentes, y que desde hace una semana este es el acontecimiento más destacado de los Estados Unidos y lo será durante otra más, todo para ver cuál de los dos puede derribar al otro durante diez segundos consecutivos, se convierte en una majadería colosal.

Pero, ¿lo es? ¿Es una majadería, cuando ocupa las páginas de todos los diarios y cuando una gran parte de la población del país está interesada en esto? Hay una razón para tanto interés, como la hay para el mío. ¿Por qué me interesa? Déjenme explicárselo en el siguiente párrafo. En este déjenme anunciarles que siento un profundísimo interés, un deseo tan abrasador de presenciar este combate, que hay momentos en los que me asalta el súbito miedo de que el combate no tenga lugar, de que algún enorme terremoto o alguna terrorífica catástrofe natural lo impidan. Porque tengo tantas ganas de ver el combate que resulta doloroso.

Este deporte de hombres con guantes acolchados pertenece sin duda a la raza anglófona, y le ha llevado siglos desarrollarlo. No es algo superficial, no es un capricho momentáneo o generacional. No lo diseñó ningún filósofo, ni ningún genio nos convenció de que lo adoptáramos como nuestro deporte por excelencia. Es tan profundo como nuestra conciencia, y está enraizado en nuestro propio ser. Germinó al mismo tiempo que nuestro lenguaje. Es una pasión instructiva de nuestra raza. Del mismo modo que nos emocionamos al pronunciar palabras sajonas, nos emocionamos también ante el ruido de los golpes de un boxeador, ante las arremetidas y las respuestas, ante la exhibición de deportividad y valentía. Es el mono y el tigre de nuestro interior, seguro. Pero, al igual que el preso, está en nosotros, ¿no es así? No podemos escapar de ello. Son los hechos, los hechos indiscutibles. Nos gusta luchar, es nuestra naturaleza. Somos existencias que pertenecen a un mundo real, y debemos aceptar la realidad de nuestra naturaleza con toda su emoción si queremos vivir acordes con el mundo; los que desean alejarse de estas realidades, que por decisión reniegan de su existencia, solo consiguen vivir en un mundo lleno de falsas ilusiones y malentendidos. Ellos son los que sufren pánico en los teatros, en los incendios y los naufragios. Están tan alejados del mundo que no pueden adaptarse a él cuando llega el momento supremo.

No hace falta mencionar (por ser evidente) que un público compuesto solo por boxeadores nunca sentiría pánico en un teatro. Estarían demasiado cerca de la realidad, tendrían demasiada lucidez para salir en estampida como un rebaño de bestias. Lo más seguro es que se quedaran y apagaran el fuego.

Otro aspecto digno de mención es que el boxeo es un deporte justo. Da rienda suelta a nuestra naturaleza ética. Nadie que haya oído cómo el indignado público abuchea a un boxeador culpable de juego sucio puede ponerlo en duda. El deporte del boxeo tiene restricciones éticas. Es sinónimo de juego limpio. Es diferente de luchar en la selva, es un paso más allá. No hay juego limpio cuando se lucha en la selva. Hasta ahí ha avanzado el hombre. Hasta este punto se ha alejado del colmillo y las fauces. Hasta este punto ha ascendido en la escalera de la vida. No fuercen el desarrollo. Subirá más aún.

## JEFFRIES-JOHNSON N.º 7

Reno (Nevada), 29 de junio. Nunca hubo héroe al que le importara menos la adulación del público que al gran Jim Jeffries. No solo no da importancia a los halagos, sino que deja ver que le molestan. En vez de soportarlos, huye de ellos. La presencia de la multitud en sus zonas de entrenamiento normalmente significa que no hará su aparición. No quiere legiones de admiradores, le encanta despistarlos, da sus mejores golpes cuando no hay nadie alrededor, y en cuanto a los halagos, sé que yo, al menos, si sintiera el impulso de dirigirle uno, solo lo haría tras haberme hecho un seguro de vida e ir armado de un hacha.

Su brusquedad es sorprendente, y es tan brusco con el gobernador del estado como con el último periodista deportivo que salga por primera vez de su casa. Nunca olvidaré la primera vez que lo conocí. Nos estrechamos las manos, y le dediqué mi mejor sonrisa. «Qué tal», murmuró Jeff, como si estuviera enfadado con todo el mundo, y conmigo en especial, por atreverme a abordarlo. En el momento en que nos estrechamos la mano, me miró a los ojos con una mirada profunda, sólida y escrutadora. No había cordialidad en sus ojos, ni amabilidad. Más bien al contrario, parecían brillar sombríos y resentidos.

En cualquier caso, su expresión era tan amenazante que no pude articular palabra. Aquel medio minuto fue muy violento. Estaba tan desconcertado que no podía pensar en qué decir, mientras esperaba ansiosamente que él dijera algo. No lo hizo. Al cabo de medio minuto me dio la espalda de repente y la conferencia terminó ahí. No llegué a entenderlo hasta que no relacioné estas escenas con otras, y ahora siempre me regodeo cuando veo a risueños e inocentes personajes dirigirse a la masacre de presentarse al gigante.

En circunstancias normales, si un hombre cualquiera nos da ese recibimiento, uno posiblemente le diría: «Macaco insignificante, ¿quién te crees que eres para tratarme así?». Pero no le dice uno algo así a Jeff. No sé por qué, excepto porque no es un macaco insignificante. También es posible que uno recuerde de modo repentino y subliminal que la vida es bella y el sol agradable de mirar.

Si todo lo anterior fuera parte de una pose por parte del luchador, si fuera un cambio sufrido en los últimos años, el público expresaría algún tipo de queja contra esa brusquedad y el plantón a las multitudes en los entrenamientos. Pero no es una pose. Siempre ha sido así, desde la primera vez que se expuso ante el público, cuando era un rudo joven de veinte años, en Los Ángeles. Y esta actitud tampoco procede de la timidez o del embarazo.

Es modesto, y humilde, sin rastro alguno de presunción, pero tímido no. Es simplemente él mismo, con toda la fuerza de su carácter. Un carácter peculiar, él mismo lo dice, pero es el suyo. A su modo, es un hombre de hierro, simple, callado, reposado, cerrado. No siente el impulso de hacerse amigo de cualquiera, y es lo suficientemente honesto como para no simular un sentimiento que no posee. En cualquier caso, es tremendamente duro con el público.

Algunos informadores que han malinterpretado a Jeffries plantean de repente esta pregunta, convencidos de que es un enigma sin respuesta: «Si tiene tanto miedo de la gente que no se atreve a entrenar delante de cien espectadores, ¿qué hará cuando tenga que enfrentarse a veinte mil espectadores el día del combate?».

No obstante, la respuesta es simple. Ya ha luchado ante multitudes, y nunca ha mostrado el menor pánico escénico. Además, es un pensador. Un hombre de pocas palabras es normalmente un pensador, y que Jeffries no le espete al primer recién llegado todo lo que sabe no significa que no esconda mucho conocimiento tras esos negros ojos escrutadores.

El despreocupado y alegre Jack Johnson es completamente distinto. Nadie fue nunca más gregario, siempre feliz de saludar a viejos amigos y hacer algunos nuevos. Le gustan las multitudes, se crece con ellas, y a cambio hace lo que puede para que disfruten. Si un día decide no entrenar, y después le dices que doscientas personas han viajado hasta sus instalaciones para verlo trabajar y lo están esperando, no los deja irse con las manos vacías. Habla con sus *sparrings*, y a los pocos minutos está enfrascado en una exhibición de diez o veinte asaltos.

En sus instalaciones, Johnson siempre es el centro de atención. Normalmente él es quien entretiene, bien tocando música, bien jugando, presidiendo concursos de chistes o contando historias. Y siempre invita a los demás a que participen y lo pasen bien.

El día 4, estos dos hombres tan distintos, el luchador silencioso y el parlanchín, se enfrentan por primera vez. Yo preveo dos cosas para Johnson. Según avance el combate, hablará cada vez menos y se le irá borrando la sonrisa, a no ser que se le hiele en los labios, porque no hay duda de que este es el combate de su vida, y si alguna vez se pone mortalmente serio y sombrío, será en el cuadrilátero después de los asaltos iniciales, cuando se pongan manos a la obra. En cuanto a Jeffries, se puede prever con facilidad que no será más locuaz en los asaltos siguientes que en el primero, y en el primero no abrirá la boca.

## JEFFRIES-JOHNSON N.º 8

Reno (Nevada), 30 de junio. Por supuesto, todos los aficionados creen saber con exactitud cómo se desarrollará el combate. Yo no soy una excepción, y estoy lleno de ideas bien definidas sobre cómo se abrirá el gran combate y cómo evolucionará.

En primer lugar, si exceptuamos accidentes, puñetazos afortunados y cobardías, no será un combate corto. No hay prácticamente ninguna posibilidad de que dure menos de diez asaltos. Andaríamos más cerca si hablásemos de veinte, aunque podría llegar a treinta. Treinta y cinco es lo máximo que me atrevo a sugerir, tras los cuales es impensable que pueda extenderse.

Ninguno de los dos es un noqueador, en el sentido en el que lo eran Fitzsimmons o Sullivan. Ninguno lleva en sus bíceps ni en los músculos de los hombros el golpe narcótico que puede dormir a un hombre de repente en cualquier fase del combate. Ambos dependen del efecto acumulativo de sus golpes, Jeff con el desgarro progresivo de su rival y Johnson con sus directos. Su método usual ha sido ir reduciendo al contrincante con un golpe cada vez, acumulando debilidad y daño. Así, cuando llega el fin, si debe llegar, ocurrirá una de estas tres cosas. El árbitro cesará el combate y dará su veredicto, porque uno de los hombres estará en malas condiciones. Uno de ellos, o sus asistentes, podría tirar la toalla porque no aguante, o cualquiera de ellos caerá bajo un golpe no necesariamente severo, pero suficiente para derribarlo porque se encuentre debilitado.

En Colma, Britt se encontraba tan debilitado que un puñetazo cualquiera de *Battling* Nelson bastó para rematarlo. Corbett tampoco noqueó a Sullivan en Nueva Orleans. Aunque es cierto que Corbett le infligió mucho castigo en la última parte del combate, Sullivan estaba listo, y llevaba mucho tiempo listo, para la cuenta, exhausto por el esfuerzo de intentar alcanzar al astuto tunante. El puñetazo que derribó a Sullivan ni lo habría despeinado en los asaltos iniciales. Bastante distinto fue el golpe que Fitzsimmons usó para rematar a Corbett en el combate en Carson. Ese puñetazo era un noqueo en toda regla. Lo hubiera asestado en el primer asalto o en los posteriores, Corbett se habría derrumbado de todos modos.

Ni Jeffries ni Johnson llevan tal golpe en los brazos. Así pues, si exceptuamos un accidente, por supuesto, el combate será larguísimo; cada uno intentará acumular la mayor cantidad de castigo posible, y ¿cómo lo harán? Es lógico asumir, dado el historial de ambos, que los primeros asaltos serán relativamente tranquilos. Es poco plausible que Jeffries intente acelerar la lucha cuando suene la campana, y Johnson seguro que no tendrá prisa. No se encajarán muchos golpes en esos primeros asaltos. Ellos nunca se han enfrentado antes; se tomarán su tiempo para sentir al otro, aprender despacio y con seguridad qué esperar, qué evitar y cómo encajar mejor sus golpes.

En esta primera parte del asalto, seguro que es Jeffries quien recibe la mayor parte del castigo. No ha nacido el hombre que pueda evitar que Johnson le percuta. No es arriesgado aventurar que Jeffries devolverá uno de los tres golpes que reciba. El propio

Jeffries ha dicho que está preparado para ello y que está dispuesto a devolver uno de tres. Basa su disposición en dos convicciones: que tiene mayor resistencia para asimilar el castigo, y que sus puñetazos tienen más fuerza que los de Johnson.

Algo notable en este combate será la rapidez de Jeffries. Será más rápido que nunca. Puede garantizarse, aunque quizá no sea tan evidente porque tendrá que emplearla contra un adversario tremendamente rápido y listo. La propia astucia de Jeffries sorprenderá a muchos que no lo han visto en acción, o que no lo han visto en acción desde el principio de su carrera. Sin embargo, cuando, encorvado, dirija sus hombros a un abrazo, su cara se verá sacudida en más de una ocasión por un derechazo de Johnson. Algo más que se pondrá de manifiesto es que Johnson calcula mejor el tiempo y el espacio. Jeffries tendrá que pagar por ello, pero se obstinará en devolver un golpe por cada tres. Ya lo ha hecho antes. Y lo hará también el día 4.

Según avance el combate, puede esperarse que Jeffries aseste más puñetazos y que reduzca la media de intercambio; y aquí es donde nos enfrentamos a un pequeño problema que solo el combate podrá resolver. El golpe más peligroso de Johnson es su demoledor gancho derecho. Siempre lo ha usado con gran éxito contra hombres diestros. Pero Jeffries es zurdo. Supongamos que elije luchar con su derecha en vez de con su izquierda. ¿Qué ocurrirá? Supongamos que añade a esta combinación su viejo croché. ¿Contrarrestará el derechazo de Johnson? ¿Quién puede preverlo? Queda por ver.

Hay muchas cosas que solo sabremos cuando veamos. Por ejemplo, ¿quién descansará en los abrazos y apoyará su peso en el otro? Johnson es conocido por esto. Pero Jeffries es más alto y pesado. ¿Cargará al negro con su peso, o provocará él el abrazo con sus hombros para encontrarse con el peso del negro sobre él?

Algo bastante seguro es que Jeffries forzará la lucha y buscará a su contrincante de campana en campana. A Johnson le gusta que el otro lleve la iniciativa, para que se agote. Pero, supongamos que Jeffries busca y rebusca, y que Johnson retrocede y se escabulle. ¿Seguirá Jeffries la búsqueda, que podría o no ser en vano? ¿O se plantará en medio del cuadrilátero y le pedirá al árbitro que ponga a Johnson a luchar?

Lo que me provoca más curiosidad es ver qué ocurrirá cuando estos dos hombres de robustos hombros se unan en un abrazo.

Johnson siempre ha destacado por su fuerza y habilidad en tales ocasiones, por bloquear e inmovilizar los brazos de su oponente hasta desesperarlo y retrasar el combate todo lo que desee. ¿Podrá hacer esto con Jeffries? Debemos recordar que es la primera vez que se enfrenta a un contrincante que le iguala, si no le supera, en fuerza. De hecho, Jeffries podría ser mucho más fuerte. Nadie sabe la energía que posee en ese aspecto. ¿Bloqueará Johnson los brazos de Jeff y jugará con él, o le enseñará Jeff lo que significa la fuerza? Siento curiosidad. Mucha curiosidad.

### JEFFRIES-JOHNSON N.º 9

Reno (Nevada), 1 de julio. Estoy encantado de estar aquí. Nunca ha habido nada parecido a Reno en estos momentos, a solo tres días del inminente acontecimiento. No me gustaría nada que llegara un Creso a ofrecerme dinero por perderme el combate, y me dijera que fijara yo el precio. Por supuesto que hay una cantidad que me alejaría de la contienda, pero el intento de calcularla me resultaría cansadísimo. Si dejamos aparte al Creso, lo único que me asusta es que me arrolle un tranvía y me pierda el combate.

Pero cuando me paro a pensar en el estado de los tranvías me envalentono y creo que tengo muchas posibilidades.

De veras, ningún hombre que sea aficionado al boxeo, tenga el dinero y esté a tiro de piedra de Reno debería perderse este encuentro. Se mire como se mire, nunca ha ocurrido nada igual en la historia del cuadrilátero, y no hay posibilidad de que ocurra en el futuro, al menos durante nuestra vida. Aunque no se endurezca la legislación contra el boxeo, aunque todos los estados acojan combates, no habrá nada igual a este combate en una generación entera.

En primer lugar, nunca se han enfrentado en el cuadrilátero dos hombres así. Nunca a lo largo de la historia del boxeo se han encarado dos gigantes de su talla. No hay un tercero que se les acerque siquiera en su propia generación. No se ha necesitado una generación, sino dos razas para que existan.

Johnson es una maravilla oscura. Nunca ha habido un boxeador defensivo de su tamaño. Ni uno que tuviera tanta sangre fría. Esa es una de sus mayores cualidades. Hasta tal punto, que su juego a veces parece lánguido, y nunca da la impresión de brutalidad. Cuando está en acción, apenas se distingue a la bestia luchadora. Se distingue, sí, en momentos de fiereza, y su rostro y su fuerza son los de un tigre. Pero no es genuino. Lo simula. Es un actor haciendo un papel. No lo domina el instinto del tigre. Lo está fabricando. En el fondo de su frío cerebro, decide que necesita ese despliegue de fiereza, y lo saca.

Otra de sus grandes cualidades es su instinto ante los golpes, puro genio. Puede estar bloqueado en un abrazo, con el cuerpo relajado, la mente distraída, la mirada fija en alguien de fuera, o incluso hablando con ese alguien, por ejemplo, sobre el contenido de cierto maletín; en ese momento, su oponente le lanza un golpe a la mandíbula y él, sin mirar, calcular ni pensar, por alguna clarividencia automática, lo sabe todo sobre ese golpe, su fuerza, su impulso y su dirección. Simplemente aparta la cabeza o la echa lo justo hacia atrás, y mientras tanto, sin parar, continúa su conversación sobre el contenido del maletín. Johnson es sin duda un luchador maravilloso, que no se parece a ningún otro, una categoría en sí mismo.

Y a este hombre se enfrentará Jeffries, un hombre aún más extraordinario, un gigante pardo, enorme y rudo, de un tipo que seguro era más común en los días en que el mundo era joven. Y, pese a su enormidad y rudeza, está tan bien proporcionado de pies a cabeza que la combinación deja con la boca abierta.

La suya es una perfección simétrica, fruto del mayor desarrollo orgánico. Y, si la ciencia está en lo cierto, podemos creer que los gigantes de cuando el mundo era joven no poseían esa simetría. El humano en aquellos días estaba en proceso de formación. Poseía la fuerza muscular, pero no la belleza de formas y líneas. Jim Jeffries, enorme y moderno, posee las dos.

El boxeo ha acertado al bautizar este combate como «el combate del siglo». Estos hombres, que constituyen una categoría propia que otros luchadores no alcanzan, y son sin embargo tan radicalmente diferentes entre sí que apenas presentan características comunes, disputarán un combate en un marco nunca visto. Por primera vez contienden dos campeones invictos de pesos pesados, y cada uno de ellos lucha contra el hombre más peligroso y formidable posible. Y en la disputa estarán presentes cuatro antiguos campeones de pesos pesados. De nuevo se rompen todos los récords, pues el próximo lunes, en el cuadrilátero y en el estadio, habrá seis hombres que han detentado el honor de ser campeones de pesos pesados. Piénsenlo: Sullivan, Corbett, Fitzsimmons, Burns, Jeffries y Johnson.

Desde el punto de vista deportivo, nunca ha habido un encuentro tan increíble. Casi todos los campeones y excampeones de cualquier tipo estarán al lado del *ring*. Habrá famosos entrenadores, como Muldoon y Murphy. Habrá atletas, triunfadores y líderes de todos los deportes. Y en cuanto a los corresponsales deportivos, estarán todos aquí. Todas las figuras deportivas, desde Billy Jordan, el aclamado y veterano locutor, hasta el apoderado más joven y novato estarán allí.

Y observarán a estos extrañamente opuestos pesos pesados, al lado de los cuales todos los demás parecen pesos medios. Johnson, el boxeador luchador, se enfrentará a Jeffries, el luchador que boxea. Ambos poseen serenidad y experiencia, ambos son temibles. No será un combate corto. Será una lucha tremenda.

Así que, les repito a todos los hombres que les gusta el juego, tienen el dinero y están a un tiro de piedra de Reno: vengan. Es el combate de combates, el culmen del boxeo, y quizá la última pelea grande que tendrá lugar jamás. También animo a venir a los aficionados al boxeo que deseen ver en carne y hueso a las celebridades del deporte. Llevaría años de viajes y combates ver a todas las figuras del deporte que pueden verse aquí en Reno en un día, y sin pagar entrada. Yo, sin ir más lejos, creo que una de las alegrías de mi desdentada vejez, en la que no quedará más que farfullar recuerdos, será divagar sobre los maravillosos detalles del gran combate de Reno: «Sí, señor, en 1910, en Reno. Yo estuve allí, en primera fila».

## JEFFRIES-JOHNSON N.º 10

RENO (NEVADA), 2 DE JULIO. Tengo la impresión de que se han ignorado algunos aspectos en el regreso de Jeffries. Por ejemplo, hay una pequeña ciencia llamada histología que tiene gran importancia en el caso de Jeff. Los hombres son intrincadas y complicadas estructuras hechas de células. Todos los tejidos, nervios, músculos y órganos están compuestos de innumerables colonias de células interrelacionadas. Las células musculares almacenan energía y la convierten en acción. Esto ocurre durante el trabajo, que rompe las células, las quema y las destruye, y nuevas células toman su lugar.

Estas células se reproducen, y la vida de un individuo o la media de vida de la especie depende del número de veces que puedan reproducirse. Así, los loros poseen tal reproductividad celular que sus tejidos se renuevan hasta los cien años. Hay algunas moscas cuyas células se reproducen tan poco que llegan a vivir tan solo una o dos horas.

Cada criatura, sea un bicho, una bestia o un pájaro, nace con un número potencial de generaciones celulares. Cuando estas generaciones se agotan, la criatura muere. Su organismo se desintegra, por el simple hecho de que no puede renovarse más. No hay más células nuevas que fabriquen tejido. Este se rompe y hay un funeral. Con los hombres ocurre lo mismo. Cada hombre, desde su nacimiento, viene al mundo con un número potencial de generaciones celulares. Dejando aparte accidentes y excesos, un hombre se vendrá abajo y morirá de viejo a los sesenta y cinco. Orto hombre vivirá hasta los noventa antes de correr la misma suerte. La diferencia entre los dos reside en el potencial celular.

Cada uno tiene un número limitado de generaciones celulares, lo que significa que cada uno contiene una cantidad limitada de trabajo. Ahora, un hombre puede consumir con rapidez o lentitud esas generaciones celulares que constituyen su vida. Cuanto más rápido las consuma, menos vivirá. El obrero parecerá más fuerte, más sano, más sonrosado, pero vivirá menos. No es lugar este para considerar las excepciones. Debemos ocuparnos de las medias. Las compañías de seguros, que son maestras de las medias, nos dicen que la esperanza de vida de un trabajador es menor que la de un oficinista. Y aquí es donde el argumento nos lleva al boxeo y a Jeffries. Cada hombre nace con una cantidad de trabajo determinada en él, que puede consumir con rapidez o lentitud. Todo luchador nace con un número determinado de combates. Cuando ya ha disputado esos combates, está acabado. Puede tratar de luchar más, de regresar, pero está condenado al fracaso. Su espíritu está dispuesto, pero la carne es débil. La carne es débil porque no puede reproducirse con la misma energía. Las generaciones celulares aparecen más despacio y en menor cantidad. El hombre está desvaneciéndose, pasando, dirigiéndose hacia el final.

El boxeo es un terrible destructor de células. En un combate duro, un hombre pierde libras y libras de peso y acorta su vida proporcionalmente (su vida en general y su vida como boxeador). Consideremos a dos boxeadores. Cada uno nace con una reproductividad celular potencial que le permite veinte combates. Cuando los ha disputado, está acabado. No hay vuelta atrás. No puede haberla. Bien, digamos que uno de estos dos hombres es afortunado. Pelea contra oponentes a los que derrota con facilidad. No disputa largos y dolorosos combates en los que agote completamente su resistencia. El segundo no es tan afortunado. Sus oponentes son excelentes. Libra combates largos y cruentos. En consecuencia, consume sus generaciones celulares a velocidad de vértigo, y se le considera un veterano mucho antes de que el otro abandone.

¿Qué le ha ocurrido a este hombre? Los aficionados dicen que ha perdido su resistencia. Esto es abstracto y confuso. Pues hay una resistencia residual en el cerebro, llamada coraje. Entonces, ¿qué ha ocurrido? Ha perdido la resistencia de la carne. Ha consumido la vitalidad de sus tejidos. Cuando se ejercita, sus células se consumen más rápido. Y las nuevas células se regeneran más despacio, y en menor número. Ya no puede librar veinte asaltos, o diez, con la facilidad con la que lo hacía.

Y ahora es cuando llegamos a Jeff. Nació con un número determinado de células, con un número determinado de combates. Cuántos, solo el tiempo lo dirá. ¿Qué ha hecho con las generaciones celulares? ¿Cómo y cuántos han sido sus combates? Aquí es donde la investigación llega al dilema del regreso de Jeff al cuadrilátero.

¿Qué ha hecho Jeffries con sus generaciones celulares? ¿Con cuánta frecuencia ha luchado? ¿Cuánto ha luchado? ¿Con cuánta rudeza? Su récord es corto y fácil. En 1896 noqueó a Dan Long en San Francisco. En 1904 noqueó a Jack Munroe en San Francisco. Ambos fueron combates de dos asaltos. Su carrera como boxeador ha sido de solo ocho años. Pero si tenemos en cuenta que el combate con Jack Munroe fue de risa, y que el de Corbett, en 1903, fue uno fácil, de tan solo diez asaltos, podría decirse que su carrera terminó en 1902, cuando noqueó a Fitzsimmons por segunda vez. A efectos prácticos, esto viene a decir que su carrera se limita a seis años.

En total, ha librado veinte combates. A la luz del consumo celular, merece la pena analizarlos. Quizá entonces sepamos mejor cuántos de los combates con los que nació ha consumido. Uno de ellos fue de un solo asalto. Cuatro fueron cosa de dos. Dos duraron tres asaltos. Después hubo dos combates de cuatro asaltos, uno de cinco, uno de ocho y uno de nueve. Ya hacen doce de los veinte, y no se puede decir que sean combates largos y dolorosos. No pusieron a Jeff a prueba, no le consumieron células. Nos quedan ocho. Dos de ellos duraron diez asaltos y uno once. Nada terrible para sus tejidos. Y para terminar, libró tres combates de veinte asaltos, uno de veintitrés y uno de veinticinco. Ninguno de ellos puede considerarse largo y doloroso. Ninguno de sus oponentes le obligó a llegar al límite de sus fuerzas. Nunca ha estado en malas condiciones, ni ha luchado por su vida mientras esperaba la campana. Ni una vez lo han noqueado. Nunca ha recibido daño grave. Nunca le han sacudido de verdad. Apenas ha probado su resistencia. Nunca ha quemado tejidos a la terrible velocidad que otros pugilistas, en una u otra ocasión, se han visto obligados a quemar los suyos. Nadie sabe de qué es capaz. Nunca ha sido sometido a prueba. Nunca ha tenido la oportunidad de participar en un combate extenuante para el cuerpo y el alma que le consuma las células.

Lo importante de todo esto es que apenas ha agotado los combates que poseía al nacer. Aún los posee. Están ahí, vivos en sus músculos, junto con las generaciones celulares que no ha consumido. ¿Puede volver Jeff? Sería sorprendente que no pudiera. Trae consigo lo que se llevó, que está bastante cerca de lo que poseía cuando nació. Y no olvidemos que no ha intentado volver deprisa. Empezó poco a poco, y aumentó progresivamente el ritmo de entrenamiento, hasta volver un año y medio después. ¿Puede volver Jeff? Perdonen. Está aquí. ¿Puede derrotar a Johnson? Eso es otra cosa.

## JEFFRIES-JOHNSON N.º 11

Reno (Nevada), 3 de julio. Es la calma que precede a la tormenta. Los luchadores descansan, los aficionados descansan, y, como es domingo, incluso las apuestas descansan. Se ha expuesto hasta el último argumento, la última teoría, y sin embargo todo está en el aire, sin confirmar, y los partisanos esperan con la boca abierta a que mañana Billy Jordan diga «Vamos», suene la campana, y el gigante blanco proceda a enfrentarse con el negro y confirmen o desmientan así las conjeturas que se han hecho en la última semana (o el último año).

Lo único que Jeffries odia son los aplausos. En las instalaciones donde entrena, el «Granjero» Burns ruega a los espectadores con lágrimas en los ojos que no aplaudan. Los aplausos siempre ponen a Jeffries de mal humor, así que, si Jeff gana el combate y veinte mil hombres estallan en el mayor aplauso que el estado de la *Artemisia tridentata*[3] haya escuchado jamás, Jeff quizá se ponga del peor humor que un hombre puede tener.

---

3 Especie característica del noroeste de los Estados Unidos, y especialmente del estado de Nevada. (N. de la T.).

Una profecía: si el combate se prolonga, Johnson acabará con las costillas, si no rotas, dañadas.

No hay quimeras entre los luchadores, los aficionados y entrenadores en cuanto a la forma de estos hombres. Conocen el deporte tal y como es. Cualquiera que crea que el boxeo es pura brutalidad aprendería mucho si pasara un día con este ejército de luchadores y seguidores que ha invadido Reno, y se sorprendería al ver que hay mucho más en el juego que dos hombres dándose una paliza. El boxeo es mil veces más fino y grandioso que eso.

En los once días que llevo en Reno, durante los cuales me he codeado con todos estos conocedores del boxeo, ni una vez he oído que alguien murmurara «falso». No hay ni un hombre aquí que tenga la menor sospecha de que el juego está amañado. Este rumor se propagó hace algunos meses, pero se disipó por carecer de base alguna. No había nada que lo alimentara. No hay duda, este combate se disputará en el cuadrilátero.

Una de las cosas más conmovedoras que he visto aquí ha sido la devoción y lealtad de todos hacia Jeff en los entrenamientos. En especial creo que recordaré siempre la muestra que de ello dio Sam Berger. Sam era uno del grupo que creía que el gigante debía entrenar más, y lo defendía apasionadamente en cuanto tenía ocasión. El último día de su entrenamiento Jeff boxeó algunos asaltos con Chyonski y el «Hermano Jack». Al terminar con este último, Jeff procedió a quitarse los guantes.

«¡Espera! —gritó Berger—, aquí estoy», y murmuró a los que estaban a su lado: «Voy a darle todo lo que pueda», y lo hizo. Entró como un huracán, atizando al gigante con toda su fuerza, mientras gritaba del esfuerzo al golpear y recibía a cambio su castigo, y se mantuvo hasta el final, que llegó con un duro golpe a su estómago, tras el cual Jeff lo sostuvo para que no cayera a la lona.

Sam no deseaba este castigo, pero la ansiedad que sentía y la lealtad hacia su favorito le empujaron a hacer lo que pudo para prepararlo mejor.

Recuerdo especialmente cómo recibió Sam el hombro de Jeff. Fue un golpe de tal impacto que habría acabado en ese mismo momento con cualquier hombre de la talla de Berger que no practicara boxeo.

El boxeo puede ser brutal, pero, en mi humilde opinión, hay muchas cosas peores. Obedece a unas rígidas reglas. Los golpes bajos no están permitidos, ni los hombres grandes pueden pelear contra los pequeños. Los pesos pesados luchan entre sí, los medios entre ellos, y los ligeros también. Pero en el mundo exterior no se da esta deportividad. Si los descuentos son un golpe bajo al mundo de los negocios, ¿qué decir de la adulteración de los alimentos, de los defensores de la vida que circulan llenos de chatarra o de los sobornos a legisladores y representantes del pueblo? ¿Puede compararse lo peor que haya ocurrido jamás en un combate con engañar en el peso al gobierno, es decir, al pueblo? ¿Qué decir del hombre que pone a cien niños a trabajar en una fábrica y los destroza por dentro y por fuera? ¿O del gran comerciante que, sacando partido del hambre, condena a sus empleadas a largas jornadas de trabajo a cambio de un sueldo miserable?

Personalmente prefiero algo que sea brutal a su manera, pero al mismo tiempo justo. No es poco lo que se aprende de los combates de boxeo. Si parte de la justicia de un combate se extrapolara al mundo de los negocios, ese sería un mundo mucho mejor.

Jeff va a esforzarse al máximo en este combate. ¿Conseguirá que Johnson se esfuerce también, y, si es así, cuánto tardará en hacerlo?

Jeff no es tan lento. Pregúntenle a Fitzsimmons, que ha luchado dos veces contra él, y lo sabe. Fitzsimmons responde de la rapidez de Jeff.

Johnson tiene un notable desarrollo en brazos y hombros, al igual que Jeff. Pregunta: ¿será capaz Jeff de dominar al negro en los abrazos? Será digno de ver.

Otra pequeña profecía. Ninguno de los dos innovará. Ambos lucharán con el mismo método que usan siempre. Es la combinación de ambos lo que constituye una novedad.

Una duda: supongamos que Jeff gana y se retira de nuevo. ¿No supondrá eso que Johnson sea, en el cuadrilátero, el campeón del mundo de pesos pesados? ¿Y no será la situación exactamente la misma que antes de que Jeff decidiera volver al *ring*? De seguro, aparte de Jeff, no hay ningún peso pesado que pueda superar a Johnson.

## EL COMBATE ENTRE JEFFRIES Y JOHNSON

Reno (Nevada), 4 de julio. Una vez más Johnson ha conseguido derrotar al representante de la raza blanca, y en esta ocasión al mejor de todos ellos. Y, como en ocasiones anteriores, el juego ha pertenecido a Johnson. Desde el inicio hasta el final mantuvo la agudeza, el intercambio de agudas réplicas con los asistentes de su contrincante y con los espectadores. Y, de este modo, Johnson tenía siempre algo gracioso que decirle a Jeffries en cada asalto. Exhibió su dorada sonrisa[4] con la frecuencia acostumbrada, y no se le congeló en el rostro ni desapareció. Iba y venía a lo largo del combate con llaneza y naturalidad.

No ha sido un gran combate, después de todo, excepto por su puesta en escena y su importancia. El pequeño Tommy Burns, en la lejana Australia, libró un combate más rápido y vivo que Jeff. Vuelvo a repetir que el combate de hoy ha sido grande tan solo por su importancia. En sí mismo no. El resultado estuvo claro inmediatamente después de los asaltos iniciales, en los que dominó Johnson, así como en los que siguieron al séptimo u octavo, y en los finales su dominio fue arrollador.

Johnson jugueteó, como es su costumbre. Puesto que su oponente no hacía gala de vigor en sus ataques, Johnson podía permitirse el lujo de juguetear mientras bloqueaba y se defendía como un maestro. Y jugó y combatió contra un hombre blanco en un país blanco y ante una multitud de blancos que apoyaban a Jeffries. Cuando Jeffries le encajaba su

---

4 Johnson se hizo implantar dientes de oro. (N. de la T.).

temible puño, la multitud aplaudía extasiada, creyendo que había ido directo al estómago de Johnson, y este, que interponía con pericia el codo, sonreía con ironía a los espectadores, actuaba, hacía creer que pensaba que el aplauso era para él, pero no lo creía ni por un momento.

El combate más grandioso del siglo ha sido un monólogo que un negro sonriente, que no ha dudado ni un segundo, y que no ha tenido que ponerse serio más de una vez, ha ofrecido a veinte mil espectadores.

Como luchador, Johnson no ha maravillado. No lo ha necesitado. No se ha esforzado. Jeff no ha podido obligarlo. No lo ha puesto en aprietos ni una vez. Ni uno de los golpes asestados por Jeff ha podido dañar a su oscuro oponente. Johnson ha salido del combate prácticamente inmune. La sangre del labio se debía a un corte reciente que se hizo en el entrenamiento y que Jeff consiguió reabrir.

Jeff no pudo llevar la voz cantante ni encajar golpes. La rapidez con la que llegó al combate se evaporó en un abrir y cerrar de ojos, y, aunque estaba muerto para el juego al final, no había recibido tanto castigo. Lo que no consiguió llevar al cuadrilátero fue su resistencia, que perdió en algún momento de estos siete años. Su vuelta al cuadrilátero ha sido un fracaso.

Su antiguo vigor y aguante no hicieron acto de presencia. Algo le ha ocurrido. En su retirada fuera del cuadrilátero ha perdido la resistencia que el cuadrilátero nunca pudo robarle. Como ya he dicho, no sufrió tanto daño. Hay aprendices que reciben cada día peores palizas que la que Jeff ha recibido hoy.

Jeff ha aclarado hoy una cuestión. No podía volver. Johnson, a su vez, dio la respuesta a otra pregunta. No es un cobarde. Pero solo ha respondido a eso por hoy. La ferocidad del velludo hombre de las cavernas combinado con el gigante pardo no ha impresionado al calculador negro. Millares de espectadores esperaban que se sintiera intimidado y han sufrido una decepción. Johnson no tenía miedo, digámoslo claramente y sin asomo de duda. Ni por un instante tuvo miedo de que el Goliat que estaba ante él pudiera vencerlo.

Pero la cuestión de la cobardía no está resuelta para siempre. Johnson nunca se ha visto en aprietos y nunca ha mostrado cobardía. Solo Dios sabe quién hará esforzarse a Johnson, y solo ese hombre podrá sacar su cobardía, o quizá no. De momento, todo apunta a que Johnson no es cobarde.

Y ahora, hablemos del combate y de sus comienzos. Felicidades a Tex Rickard, el más valiente de los aficionados, que consiguió organizar el combate pese a las innumerables dificultades, y que, tranquilo, sosegado y eficaz, supo manejar a la enorme multitud con gran desenvoltura en el estadio y además arbitró el combate.

Veinte mil personas llenaban el monumental estadio y esperaron con paciencia bajo el cielo nuboso de Nevada. De las muchas mujeres presentes, algunas escogieron sentarse al fondo del estadio, lejos del cuadrilátero, como las antiguas damas españolas en el teatro. Pero muchas, muchas más mujeres, se sentaron en primera línea junto a sus esposos o hermanos. Fueron las más listas.

Emprender una simple enumeración de todas las personalidades que se encontraban allí equivaldría a escribir un directorio deportivo de América, o al menos, un directorio de los cuatrocientos mejores y mucho más. A las 13:56, Billy Jordan despejó el cuadrilátero entre vítores, y se quedó solo, con veinte mil pares de ojos puestos en él, hasta que el grandioso Muldoon atravesó las cuerdas para pedir un tumultuoso aplauso y sonoros vítores de las veinte mil gargantas para el estado de Nevada, el pueblo de Nevada y el gobernador de Nevada.

Se ovacionó a todos los grandes, desde Tex Rickard, sin olvidar a Fitzsimmons, a quien Billy Jordan presentó como «el mayor guerrero de todos». Y así llegaron, uno tras otro, sin cesar, hasta que fueron eclipsados por los más grandes, los dos hombres que estaban a punto de combatir.

Eran las 14:30 cuando Johnson hizo su entrada. Llegó el primero, ligero, feliz y risueño, saludando a amigos y conocidos a diestro y siniestro, con una proverbial serenidad, agitando las manos en señal de saludo, y sin perder ni un segundo la sonrisa, tanto en los ojos como en los labios, plácido, sin dar muestra alguna de vacilación ni timidez. Y sin embargo estaba en tensión, no perdía detalle de lo que ocurría, prestaba oídos al confuso murmullo de voces que le rodeaba. No hay nada pesado ni primitivo en este hombre. Cada nervio suyo está vivito y coleando, aunque escondido con enorme maña y naturalidad bajo esa pose de falsa calma. Es una maravilla de sensibilidad, sensatez y percepción. Goza de un perfecto mecanismo que regula su mente y su cuerpo. Su mente funciona como un rayo y su cuerpo obedece con la misma prontitud.

Pero los aplausos arreciaron cuando Jeffries entró en el cuadrilátero dos minutos después. Una comparación superficial entre ambos nos haría sentir compasión por el negro. Porque Jeff aparentaba todo lo que ya hemos dicho de él. Cuando se desnudó y dejó ver su impresionante cuerpo de vello enmarañado, todos los adjetivos que se le hayan aplicado fueron pocos. Y tampoco su rostro los desmentía. Su cara no desvelaba emoción facilona, ni impulsos momentáneos, ni vacilaciones propias de un carácter ligero. Era un rostro adusto, sombrío, amenazante, sólido, imperturbable, inexpresivo, de ojos ardientes y salvajes.

El hombre de hierro, rígido y decidido, se sentó en su esquina. Y el despreocupado negro sonreía una y otra vez. Y esa es la historia del combate. El hombre de acero, el gigante pardo estuvo rígido y serio. El hombre de temperamento estival sonrió una y otra vez. Esa es la historia de todo el combate. Y también la historia por asaltos.

Al inicio del primer asalto no se estrecharon las manos. Conociéndolos a los dos, se puede asegurar que este descuido se debió a Jeff o se lo sugirieron desde su esquina. Pero no es bueno que dos boxeadores no se estrechen las manos antes de un enfrentamiento. Yo propondría a los protagonistas de un juego en extinción que, si desean conservarlo, no escatimen en las cortesías que le prestan su apariencia de civilización.

Ambos se pusieron a la obra con gran facilidad en el primer asalto; Johnson con su sonrisa, por supuesto, y Jeff rígido y decidido. Johnson asestó el primer golpe, uno ligero, y Jeff, en los abrazos, insinuó la táctica que seguiría al forzarlo, rodearlo y apoyar su peso sobre el negro. Fue un asalto tranquilo, sin nada destacado. Cada uno de ellos se limitaba a tantear al otro y ambos pusieron excesivo cuidado. Al final del asalto Johnson dio una juguetona palmadita en el hombro de Jeffries, sonrió con cordialidad y se fue a su esquina. Jeff, en el primero, mostró retazos de una rapidez felina.

En el segundo asalto, Jeff avanzó del modo clásico, con las rodillas dobladas, para encontrarse con la sonrisa del negro. Jeff es en el fondo humano y buena persona. Lo demostró en ese momento. Tan amistosa era la sonrisa de Johnson, tan irresistible, que Jeff, pese a él mismo, no pudo sino devolvérsela. Pero las sonrisas de Jeff iban a ser muy pocas en el enfrentamiento.

Y aquí empezó una repetición de lo que había ocurrido en Australia, cuando Burns se enfrentó con Johnson. Cada vez que Burns insultaba a Johnson con la esperanza de hacerle perder los papeles, Johnson respondía dándole una tunda al blanco. Hoy, por supuesto, Jeff no le hablaba a Johnson, pero Corbett, desde su esquina, lo hacía en su lugar. Y cada vez que Corbett gritaba algo particularmente insultante, Johnson se aprestaba a machacar a Jeff. Empezó en el segundo asalto. Corbett, que seguía la línea de irritar al negro, gritó: «Quiere luchar un poco, Jim».

«Puedes estar seguro», replicó Johnson, y le encajó un doloroso gancho derecho.

Ambos hombres estaban poseídos por una tensa atención; Jeff intentaba apoyar su peso en los abrazos, y Johnson luchaba más que el otro para disolver el abrazo. Y al final del asalto, Johnson se reía de todo corazón. Es cierto que Jeff no mostraba signos de atacar, como esperaban sus entusiastas seguidores.

Lo mismo ocurrió en el tercer asalto, tras cuyo final el incontenible negro estuvo saludando a unos amigos del público.

En el cuarto asalto, Jeff estuvo mejor, aplicó más viveza, más presión y más vigor a los golpes de los que había mostrado hasta entonces. Esto pareció deberse a una agudeza de Johnson, tras la que Jeff se le acercó como enfadado. Incluso mientras Jeff se le acercaba, Johnson gritó:

—¡No me presiones, Jim! ¿Me oyes?

Ni rastro de intimidación ante el primer despliegue de ferocidad por parte de Jeff. Lo único que consiguió fue reabrir el corte del labio de Johnson y activarlo más. El asalto estaba más bien igualado, y Jeff había tenido más protagonismo en él que en ningún otro.

El quinto asalto encontró a Jeff avanzando con las rodillas encorvadas y demostró que la sangre de la boca de Johnson había convertido su sonrisa en una mueca terrorífica. Pero seguía sonriendo y, para equilibrar las cosas, le abrió el labio a Jeff hasta que sangró con más profusión que el suyo. Desde entonces hasta el final del combate, Jeff nunca tuvo la cara limpia de sangre; después se le añadieron un hilillo de sangre que le salía de la nariz y un corte abierto en su mejilla izquierda. La irritación de Corbett no sirvió más que para hacer sonreír más a Johnson y para que le enviara guiños por encima del hombro de Jeffries en los abrazos.

Hasta entonces no se había resuelto ningún problema ni se había respondido a ninguna pregunta. No había habido cobardía. Tampoco Jeff había atacado, golpeado mortalmente, ni puesto a Johnson contra las cuerdas. Pero ya se había demostrado algo. Jeff no era tan rápido como antes. Su velocidad se había reducido.

Johnson señaló el inicio del sexto asalto con tres dolorosos golpes sucesivos en la cara. Su velocidad era prodigiosa. En respuesta a un irritante comentario de Corbett, Johnson respondió con suavidad «Demasiada mano derecha ya», y al mismo instante se abalanzó sobre Jeff. Era su primer golpe agresivo, real. No duró más que un par de segundos, pero fue fiero y elegante, y cuando terminó era evidente que el ojo derecho de Jeff se cerraba a ojos vista. El asalto concluyó con Johnson luchando y sonriendo con la misma fuerza, y con la nariz, el labio y la mejilla de Jeff sangrando, y su ojo cerrado. El asalto era de Johnson por una enorme sonrisa.

El séptimo fue suave; se inició con un Jeff rígido y silencioso, y un Johnson que llevaba la voz cantante. Ambos ponían atención, y no ocurría nada, salvo en una ocasión en la que intercambiaron golpes de primera categoría. Hasta entonces, toda la agresividad, la presión, el peso de Jeffries no habían servido de nada. Además se manifestaban con decreciente frecuencia.

«Solo necesitas uno o dos, Jim», lo animó Corbett en el octavo asalto. De inmediato Johnson le encajó dos puñetazos, y un tercero tras una pausa. «¿Lo ves?», gorjeó con dulzura en dirección a Corbett. Jeff dio claras muestras de deceleración en este asalto, y cada vez ejercía menor presión. Johnson estaba trabajando más duro y su velocidad era de relámpago, como al principio. La deceleración de Jeff no se debía al castigo recibido, sino a su baja forma. Estaba mostrando las primeras señales de agotamiento. Estaba proclamando, si bien no de modo muy evidente, que no había vuelto.

El punto de partida del noveno asalto fue una sugerencia de Corbett, que mantenía con heroicidad su política. «Pon a luchar a ese desgarbado», fueron sus palabras. «Está bien; eso es lo que dicen todos», fue la respuesta de Johnson, que le llegó a su adversario por encima del hombro de Jeff con una gracia propia de Chesterfield[5]. En los asaltos previos Johnson no había causado mucho daño con el puñetazo previsto, un gancho derecho. En este asalto no dejó dudas de que podía manejar la izquierda de modo sorprendente. Debemos recordar que durante mucho tiempo se había negado que pudiera asestar golpes con la izquierda. A propósito, en este asalto le encajó a Jeff un puñetazo cerca del corazón que debió de ser desalentador.

---

5 Político y escritor (1694-1773), considerado el modelo del perfecto caballero del siglo xviii. (N. de la T.).

El décimo asalto nos mostró a un Johnson con una izquierda llena de sorprendente habilidad y a un Jeff que perdía velocidad por momentos.

La conclusión de los diez primeros asaltos se podría resumir de la siguiente manera: el combate estaba claramente en las manos de Johnson, que no había mostrado cobardía, pero sí buena forma y una velocidad irreductible, que no había usado su gancho derecho, pero había desarrollado una izquierda salvaje, que había sostenido su peso en los abrazos, aunque no había sacado lo mejor de la lucha cuerpo a cuerpo ni a distancia, que estaba indemne y sonriente. Jeff estaba en baja forma; estaba cansado, más lento que nunca, sus escasas arremetidas habían sido inútiles, y los aficionados que habían apostado en su contra estaban radiantes. Había hombres que anunciaban su final.

Yo me negaba a ver ese final, porque había apostado por Jeff, y tenía grandes esperanzas (de qué, no lo sé); pero esperaba que pasara algo, cualquier cosa, que cambiara las tornas del combate. Pero no podía ocultarme a mí mismo que Jeff estaba ralentizándose.

El undécimo asalto pintó mejor para Jeff. Picado por un comentario de Corbett, Johnson se apresuró y provocó una gran arremetida de Jeff, más rápida y continua que en los otros diez asaltos, que culminó en un ataque en el que Jeff golpeaba con fuerza.

Durante el duodécimo asalto Johnson fue más rápido y agresivo que nunca.

«¿Pensabas que ibas a enfadarme?», le preguntó a Corbett con dulzura.

Como siempre, cualquier comentario de Corbett traía más castigo para Jeffries. Y al final de este asalto, la segunda de las dos grandes preguntas había encontrado su respuesta. Jeffries no había vuelto.

El decimotercer asalto fue el principio del fin. Despacio al principio, pero después, aguijoneado por Corbett, Johnson dedicó todo su ser a la lucha verbal, y se ocupó bien de Jeff. En la defensa y el ataque, una y otra vez, adelante y atrás, Johnson centelleaba como el asombroso mecanismo de lucha que es. Jeff estaba silencioso y castigado, mientras que, según avanzaba el asalto, Corbett mantuvo un llamativo silencio.

Unos cuantos alimentaban la oculta esperanza de que Jeff se recuperara, pero era en vano. No había vuelta atrás. Se estaba hundiendo, apagando, desvaneciendo.

«Háblale, Corbett», suplicaban los amigos de Jeff, en el decimocuarto asalto. Pero Corbett no podía hablar. Hacía rato que había visto el final.

Y sin embargo, en este asalto, Johnson realizó uno de sus característicos descansos. Se lo tomó con calma, y jugó con el gran gladiador más frío que un témpano, sin perder su sonrisa, pero con la misma atención de siempre.

«Directo a la cadera», dijo con ironía cuando Jeff, en una repentina y desesperada acometida, consiguió encajarle un salvaje puñetazo en esa zona.

Corbett, también desesperado, aventuró una última ocurrencia. «¿Por qué no haces algo?», le gritó al perezoso y risueño Johnson. «Muy agudo, muy agudo, como tú», fue la respuesta.

El asalto decimoquinto fue el penoso final. En él probó Jeff por primera vez la amargura que otros habían probado de sus puños. Él, que nunca había sido noqueado, lo fue repetidamente. Él, que nunca había sido eliminado, fue eliminado por noqueo. No importa la decisión técnica. Lo eliminaron por noqueo. Eso es todo. Ignominia de ignominias, lo noquearon con el puñetazo que creía que Johnson no poseía, el izquierdo, y no el derecho.

Recostado sobre la cuerda más baja mientras le contaban los segundos, muchos de los espectadores elevaron un grito que contenía lágrimas y un ruego desgarrador.

—¡Que no lo noquee el negro, que no lo noquee el negro! —repetían.

No hay mucho más que decir. Jeff no volvió. Johnson no mostró cobardía, y dominó todo el combate. Jeff no tenía nada que ver con el antiguo Jeff. Así y todo, se puede dudar que el antiguo Jeff hubiese podido con este asombroso negro de Texas, con este hombre de sonrisa imperturbable, con este rey de los luchadores y los monologuistas.

Corbett, Berger y los demás tenían razón. Querían que Jeff entrenase más. Aunque, si le faltaba el potencial para regresar, el entrenamiento no le habría servido de nada. Por otra parte, le habría ahorrado mucho dinero a los que le respaldaban.

Fue un combate lento. Pueden verse mejores y más rápidos cualquier día del año en cualquier club pequeño del lugar. Es cierto que estos hombres son pesos pesados, pero para pesos pesados fue un combate lento. El valiente Tommy Burns libró uno mucho más rápido contra Johnson hace un año y medio. Pero el aficionado americano tenía que ver este combate de hoy para saber apreciar lo que Burns hizo contra esta maravilla de color.

Johnson es un prodigio. Nadie entiende a este hombre que sonríe. Bien, la historia del combate es la historia de una sonrisa. Si hay un hombre que haya ganado por algo tan simple como una sonrisa, ese es Johnson.

¿Y dónde está ahora el campeón que obligará a Johnson a explayarse, que helará csos ojos, que le borrará la sonrisa y hará callar al ingenioso contestón?